# 바이러스에도 안전해요

박신식 글 · 젤리이모 그림

# 바이러스에도 안전해요

2021년 12월 1일 초판 2쇄 펴냄
**펴낸곳** | (주)꿈소담이
**펴낸이** | 이준하
**글** | 박신식
**그림** | 젤리이모

**주소** | (우)02880 서울특별시 성북구 성북로5길 12 소담빌딩 302호
**전화** | 747-8970
**팩스** | 747-3238
**등록번호** | 제6-473호(2002. 9. 3)

**홈페이지** | www.dreamsodam.co.kr
**북 카 페** | cafe.naver.com/sodambooks
**전자우편** | isodam@dreamsodam.co.kr

ISBN 978-89-5689-644-1 74080
　　　978-89-5689-640-3 74080 (세트)

ⓒ 박신식, 젤리이모 2020
- 책 가격은 뒤표지에 있습니다.
- 꿈소담이의 좋은 책들은 어린이와 세상을 잇는 든든한 다리입니다.
- 이 도서의 국립중앙도서관 출판예정도서목록(CIP)은 서지정보유통지원시스템 홈페이지(http://seoji.nl.go.kr)와 국가자료종합목록 구축시스템(http://kolis-net.nl.go.kr)에서 이용하실 수 있습니다. (CIP제어번호 : CIP2020030713)

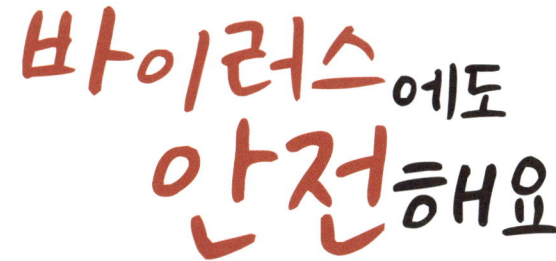

# 머리말

##  새로운 변화에 대해 생각해 봐요

2020년.

요즘처럼 바이러스라는 말을 자주 들은 적이 없을 거예요. 작은 바이러스 앞에 모든 사람들은 연약한 존재가 되었고, 그로 인해 온 세상이 변화되고 있지요.

어린이들도 예외는 아니에요. 바이러스 때문에 학교에 가지 못하고, 마스크를 쓰고 다녀야 하며, 돌아다니거나 놀지 못해 스트레스를 받고, 친구들도 만나지 못하는 생활을 경험하게 되었어요.

그런데 바이러스는 갑자기 생긴 것이 아니에요. 오래전부터 우리 주위에 있었지요. 그리고 지금의 바이러스 문제가 해결된다고 해서 끝나는 것은 아니에요. 어쩌면 또 다른 바이러스로 인해 또 다른 변화가 시작될 수 있거든요.

『바이러스에도 안전해요』에는 바이러스 때문에 어린이들이 경험할 수 있는 손 씻기, 스트레스, 마스크, 대인관계, 면역력에 대한 이야기를 담았어요. 재미있는 이야기를 통해 바이러스를 이해하고 바이러스에 대한 대응 방법을 생각해 보며 예방법을 실천하는 데 도움이 되었으면 좋겠어요.

그리고『바이러스에도 안전해요』를 통해 바이러스에 대한 무서움보다는 바이러스에 대한 예방과 적응, 그리고 새로운 변화에 대해 생각해 볼 수 있는 계기가 되었으면 좋겠어요. 또, 하루 빨리 바이러스 백신과 치료약이 개발되어 예전처럼 활기찬 일상으로 돌아가기를 희망해 봅니다.

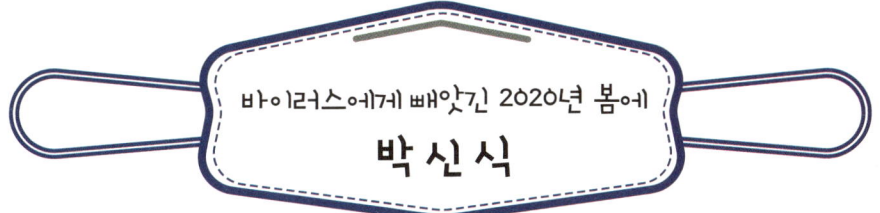

바이러스에게 빼앗긴 2020년 봄에
박신식

## 세균과 바이러스

우리는 일상생활에서 세균(박테리아)과 바이러스라는 말을 많이 사용하고 있어요. 그런데 세균(박테리아)과 바이러스의 차이를 제대로 알지 못하고 사용하는 경우가 많아요. 하지만 세균과 바이러스는 전혀 다르답니다.

**세균(박테리아)**

세균(박테리아)의 어원은 그리스어의 '작은 막대'라는 뜻의 bakteria(박테리아)에서 나왔어요.

바이러스에 비해 10~100배 커서 광학현미경으로 볼 수 있어요.

세균은 세포막, 세포벽, 핵 등으로 이루어진 하나의 독립된 세포의 구조로 이루어진 미생물이에요.

세균은 온도, 습도가 적당하고 영양만 공급되면 혼자 살아가며 번식할 수 있어요.

유익한 세균도 있어요.

세균은 실험실에서 샘플을 배양*하여 연구하기가 쉽기 때문에 백신이나 항생제 같은 치료제가 있어요.

많은 수의 세균이 있어야 식중독, 피부병, 콜레라, 결핵, 파상풍 등의 병이 나고 2차로 감염되는 경우가 적어요.

* **배양** : 동식물 개체, 동식물의 조직의 일부, 미생물 등을 인공적인 조건에서 기르는 것
* **숙주** : 스스로 생활하지 못하고 남에게 피해를 주는 생물이 살아가기 위한 대상으로 삼는 동물이나 식물

일상생활에서 세균과 바이러스를 예방하는 가장 좋은 방법은 손을 깨끗하게 자주 씻는 거예요. 그리고 대부분의 세균과 바이러스는 열에 매우 약해요.

좀비 세균이 아니라 좀비 바이러스라고 부르는 이유를 알겠어!

**바이러스**

바이러스의 어원은 라틴어의 '독'이라는 Virus(비루스)에서 나왔어요.

세균보다 매우 작아 전자현미경으로만 볼 수 있어요.

바이러스는 유전 정보를 담은 핵을 단백질이 둘러싸고 있을 뿐 세포의 구조가 아니에요.

바이러스는 혼자 살 수 없고 다른 세포 속에 침투해서 살아요. 그래서 반드시 동식물의 숙주*가 필요하고 이 과정에서 돌연변이가 많이 발생해요.

숙주의 세포를 파괴하기 때문에 모든 바이러스는 해로워요.

바이러스는 숙주가 없으면 샘플을 배양하기 어렵기 때문에 연구가 어려워요. 그래서 백신이나 치료제를 만드는 게 쉽지 않지요.

적은 수의 바이러스로도 감기, 독감, 에이즈, 인플루엔자, 중동호흡기증후군(메르스), 신종플루, 코로나바이러스 등의 병이 나고 2차 또는 3차 감염이 많아 금세 퍼져요.

# 차례

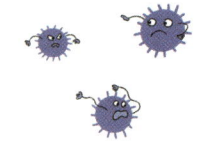

에피소드1. 깔끔 바이러스
▷손 씻기로 바이러스 날리기 ··· 15

에피소드2. 스트레스 바이러스
▷슬기로운 불안 날리기 ··· 31

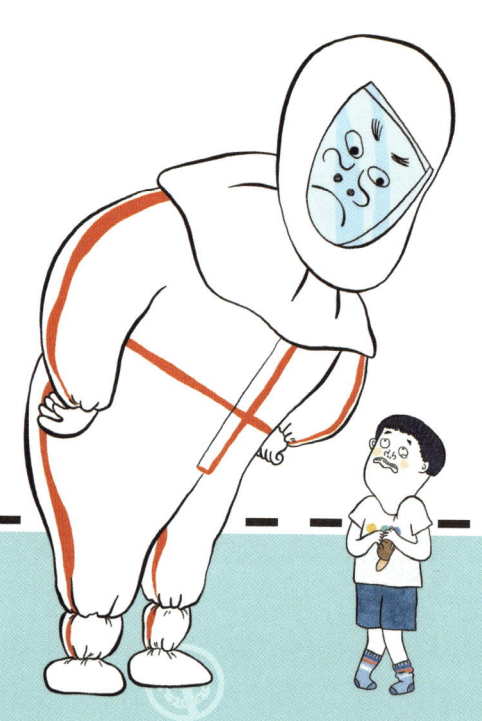

### 에피소드3. 마스크 바이러스 ... 47
▷마스크로 바이러스 막기

### 에피소드4. 떨어져 바이러스 ... 63
▷슬기로운 대인관계 만들기

### 에피소드5. 면역 바이러스 ... 79
▷면역력 기르기

에피소드 1

# 깔끔 바이러스
### -손 씻기로 바이러스 날리기-

벽 쪽에 붙은 히터 때문에 화장실 안은 무척 따뜻했다. 볼일을 보고 나온 미연이와 진주가 세면대로 향했다. 미연이가 세면대의 수도꼭지를 위로 올렸다.

"앗! 차거!"

흐르는 물에 손을 대던 미연이가 깜짝 놀라 소리쳤다.

"따뜻한 물 안 나와?"

진주가 묻자 미연이가 수도꼭지를 이쪽저쪽으로 돌려보았다. 여전히 물은 차가웠다.

"고장 났나?"

미연이는 고개를 갸웃거리면서도 양손을 모아 차가운 물을 손바닥에 받아 손을 씻었다. 그리고 비누칠까지 했다.

"안 차가워?"

"차갑지. 하지만 화장실에서 일을 보고 나면 손을 깨끗하게 씻어야 해. 그래야 세균이나 바이러스에 감염되지 않아."

미연이가 발갛게 물든 손을 탈탈 털며 말했다.

"이 추운 겨울에 세균이나 바이러스가 살아남을 수 있겠어? 난 찬물은 딱 질색이야."

"그래도 손을 깨끗이 씻어야……."

진주는 미연이의 말을 한 귀로 흘리며 화장실을 빠져나갔다.

며칠 뒤, 진주네 가족은 아빠 생신을 축하하기 위해 아빠가 좋아하는 횟집을 찾았다. 회가 나오기 전에 밑반찬과 전복죽과 샐러드, 생굴이 나왔다.

"역시 굴은 겨울이 제철이지. 싱싱하게 보이는데?"

아빠는 젓가락으로 생굴을 집어 초장에 찍어 먹었다. 그리고 해삼과 멍게도 한 점씩 찍어 먹었다.

"진주야, 너도 먹어 봐!"

진주도 아빠처럼 생굴을 집어 초장에 찍었다.

"엄마는 안 먹어?"

"응. 엄마는 익힌 굴이 더 맛있어. 나는 해삼 먹을게."

엄마가 해삼을 집자 진주는 생굴을 입에 넣었다.

"진주야, 바다 맛이 느껴지지 않니?"

아빠의 말에 진주는 씩 웃으며 고개를 끄덕였다. 뒤이어 회도 나왔다. 진주네 가족은 회와 매운탕까지 배부르게 먹고 집으로 돌아왔다.

다음 날 새벽, 진주는 배가 살살 아파 눈이 저절로 떠졌다.

'어제 저녁을 너무 많이 먹었나?'

진주는 배를 어루만졌다. 배가 차가웠다.

진주는 고개를 갸웃거리며 화장실로 갔다. 그런데 화장

실 문이 닫혀 있었다.

"똑! 똑!"

진주가 문을 두드렸다.

"좀 기다려!"

아빠 목소리가 들렸다. 그러자 진주는 배가 더 아프기 시작했다. 금세 밖으로 쏟아질 것만 같아 발을 동동거렸다.

"아빠, 나 바지에 싸기 일보 직전이야!"

진주는 징징대며 우는 목소리로 말했다. 그러자 물을 내리는 소리가 들리고 화장실 문이 열렸다.

진주는 후다닥 들어가 좌변기에 앉았다. 볼일을 보고 나왔지만, 속이 시원치 않았다. 개운하지 않고 힘이 쭉 빠지고 기운이 떨어지는 느낌이었다.

진주가 침대에 눕자 배가 다시 살살 아프기 시작했다. 이번에는 속이 바늘로 콕콕 찌르는 듯 쓰리고 아팠다. 진주가 다시 화장실로 들어가려고 할 때 아빠도 화장실에서 배를 어루만지며 나오고 있었다. 순간, 진주는 속이 울렁거리며 마치 토할 것 같이 메스꺼운 느낌에 입을 틀어막았다.

"우웩! 우웩!"

결국 화장실에 가서 토하고 말았다. 어제 먹은 것들을 다 게워내는 것 같았다. 엄마가 걱정스러운 모습으로 다가와 진주의 입을 닦아 주며 물었다.

"괜찮니?"

"속이 답답하고 아프기도 하고 으슬으슬 추워."

진주는 오한이 나는 듯 몸을 바르르 떨었다.

"둘 다 뭔가 잘못 먹은 것 같은데……. 설마 식중독은 아니겠지?"

"식중독? 그건 여름철에 생기는 병 아닌가?"

"그렇긴 하지만……. 나는 멀쩡한데 아빠랑 너만 속이 안 좋은 걸 보면 아무래도 어제 둘만 먹었던 굴이 문제인 것 같은데……."

엄마가 보리차를 미지근하게 타 주었다.

"우선 물을 많이 마셔! 좀 기다렸다가 병원 문 열면 함께 가 보자."

보리차를 마시고 쉬자 아빠는 좀 괜찮아진 것 같았다. 하지만 진주는 물 먹은 것도 토하고 말았다. 토하는 게 힘들어서인지 눈물까지 났다.

결국 진주는 물도 먹지 못하고 하얗게 핏기 없는 얼굴로 변해 버렸다.

엄마는 진주가 화장실에 들어갔다 나올 때마다 손을 씻게 하고 화장실 변기에 소독약을 뿌렸다. 그리고 진주가 쓰는 수건은 따로 챙겼다.

등교 시간이 되자 엄마는 학교 선생님에게 병원 진료를 받는다고 문자를 보내고 아빠도 회사에 전화를 걸었다. 9시가 다 되자 진주네 가족들은 가까운 내과를 찾아갔다.

몇 가지 검사를 한 뒤 의사 선생님이 진주네 가족을 불렀다.

"노로바이러스로 인한 장염이군요. 쉽게 말하면 식중독이에요. 이건 특별한 치료약이 없어요. 대부분 며칠 이내 자연적으로 회복되지요. 다만, 아버님은 좀 괜찮은데, 아이는 탈수증상이 있군요. 포도당 주사라도 맞는 게 나을 것 같아요."

의사 선생님의 설명에 아빠가 넌지시 끼어들었다.

"이참에 저도 영양제를 맞을 수 있을까요? 애 혼자 맞는 것보다 옆에서 같이……."

아빠가 배시시 웃으며 말했다.

"역시 아버님은 괜찮으신 게 맞습니다. 굳이 영양제를 맞으시겠다면……."

의사 선생님의 말에 진주네 가족 모두 웃음을 띠었다.

아빠와 진주는 병원 안에 있는 치료실에서 링거를 맞았다. 그동안 엄마는 학교에 연락하고, 어제 방문했던 음식점에도 전화를 걸었다.

진주는 링거에 있던 약이 몸으로 들어가는 기분이 들자 졸음이 밀려왔다. 그리고 간호사가 링거의 주삿바늘을 빼려고 할 때 잠에서 깼다.

"잘 잤니? 혹시 모르니까 오늘은 무리하지 말고 쉬렴. 내일부터 주말이니까 오늘까지 사흘 쉬고 나면 괜찮을 거야.

노로바이러스는 뚜렷한 치료약도 없고 예방할 수 있는 백신도 없으니까 집에서도 개인위생 관리에 신경 쓰고."

간호사 말에 진주는 힘없이 고개를 끄덕였다. 아빠도 장염을 핑계로 회사에 나가지 않고 집에서 쉬었다.

진주는 쉬면서 인터넷으로 노로바이러스를 검색했다.

"엄마, 요 쪼끄만 게 정말 무서운 녀석이야. 전염성이 아주 강하다는데, 엄마도 감염되면 어떡해?"

진주는 노로바이러스 사진을 보며 엄마에게 걱정스러운 듯 물었다.

"그래서 나도 걸릴까 봐 무서워서 너나 아빠가 만졌던 물건들은 부지런히 다 소독하고 있으니까 염려 마!"

"그래?"

진주가 배시시 웃으면서 엄마의 손을 잡으려고 했다.

"야, 어딜 만지려고? 내 손은 소중하단 말이야."

엄마가 화들짝 놀라 손을 뺐다. 진주가 재미있다는 듯 웃었다.

"아이, 엄마. 나 엄마 안고 싶단 말이야."

"뭐라고? 내가 장염 걸리면 누가 밥해 주고 빨래하냐?"

엄마가 뒤로 물러서자 진주가 씨익 웃으며 더 가까이 다가갔다. 그러자 엄마가 휘리릭 방을 빠져나갔다. 진주는 재미있다는 듯 깔깔댔다.

　월요일, 진주가 학교에 나가자 아이들이 모여들었다.
　"많이 아팠어?"
　"장염이었다며?"
　아이들이 서로 앞 다투어 물었다.
　"응. 겨울철 영하의 날씨에도 살아남는 노로바이러스라는 무서운 녀석한테 걸렸어. 겨울철이라고 아무거나 먹으면 안 돼. 아, 그리고 너희들 나에게 가까이 오지 마! 의사 선생님이 나가도 좋다고 했지만 그래도 노로바이러스에 전염될 수 있으니까 며칠은 조심하는 게 좋아."
　진주의 말에 아이들이 화들짝 놀라 뒤로 물러났다.
　"야, 며칠 사이에 살이 쪽 빠졌는데?"
　"입맛도 떨어지고 속이 안 좋아 많이 못 먹어서 그래. 엊저녁에 몸무게를 재니까 2킬로그램이 빠졌더라. 살 빼는 게 이렇게 쉬운 줄 몰랐어. 하지만 내가 살다살다 그렇게 기운이 없는 것은 처음이야! 하늘이 노래지고, 이제 죽는가 싶었지. 토하고 헛구역질하고 설사하고. 정말 죽는 줄 알았다니까. 너희들도 그렇게 살 빼고 싶으면 내 손을 한번 잡아 볼래? 혹시 알아, 치료약도 없는 노로바이러스에 걸릴지."

진주가 손을 내밀자 아이들이 몸을 오그리며 손사래를 쳤다.

"야, 상상만 해도 너무 끔찍하다!"

"말이 많아진 걸 보니 말짱한 것 같은데? 어디 손을 잡아 볼까?"

아이들은 몸을 바르르 떨기도 하고 손을 내미는 장난을 치기도 했다.

쉬는 시간, 진주는 화장실에 가서 볼일을 보고 난 뒤 세면대 앞에 섰다. 그때, 같은 반 현아가 손을 씻지 않고 나가고 있었다.

"현아야, 볼일을 봤으면 손을 깨끗하게 씻어야 해!"

"야, 네가 손을 씻으라고 하니까 이상하다. 차가운 물이면 손 안 씻는다며?"

옆에 있던 미연이가 놀리듯 말했다.

"내가? 그런 적이 있었나? 기억이 안 나는데? 찬물 더운물 가리지 말고 화장실에서는 이렇게 손등, 손바닥, 손가락 사이사이 깨끗하게 씻어야 해. 네가 노로바이러스를 안 겪어 봐서 그러는데, 그거 걸리느니 찬물에라도 손을 씻는 게 백 배 천 배 나을걸?"

진주가 손을 탈탈 뿌리며 말하자 주위에 있던 아이들이 까르르 웃었다.

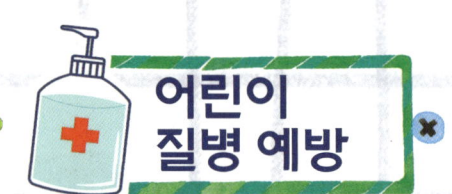

## 어린이 질병 예방

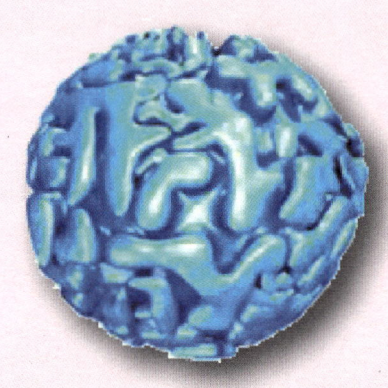

'노로바이러스'는 1968년 미국 오하이오주 노웍크(Norwalk) 지역의 초등학교에서 발생한 집단 식중독 환자들의 대변에서 처음 발견되어서 '노웍크 바이러스(norwalk virus)'로 불렸어요. 그러다가 2002년에 노로바이러스라는 이름으로 정해졌어요. 크기는 27~40나노미터(nm, 10억분의 1m)로 매우 작은 공 모양이지요.

'노로바이러스'는 급성 장염을 일으키는 전염성 바이러스로 겨울 식중독을 일으키는 주범이에요. 보통 살모넬라균, 비브리오균, 포도상구균 등의 세균에 의해 오염된 음식은 부패한 상태여서 맛을 보거나 눈으로 보면 구별할 수 있지만 노로바이러스에 감염된 음식은 맛으로도 확인이 안 되고 눈으로도 구별할 수 없지요.

노로바이러스는 오염된 물이나 굴, 조개, 생선 같은 수산물을 익히지 않고 먹을 경우, 구토물, 침 같은 분비물이 묻은 손으로 음식을 먹을 경우 걸릴 수도 있어요. 게다가 한겨울 영하의 날씨에도 오랫동안 생존할 수 있고 전염성이 매우 강해 더욱 주의해야 해요.

노로바이러스에 감염되면 고열, 구토, 설사, 복통, 오한 등의 증세가 나타나요. 대부분의 사람들은 며칠 내로 괜찮아지지만 어린이나 노인 등 면역력이 약한 사람들은 대부분 탈수증상이 함께 발생되기 때문에 주의해야 하지요. 또한 증상이 사라진 후에도 감염자의 배설물에 2주 동안 살아남을 수 있기 때문에 주의해야 해요.

## 노로바이러스를 예방해요

　노로바이러스는 백신이나 치료법이 없어요. 그러므로 예방하는 방법밖에 없지요.

1. 30초 이상 손을 세정제로 깨끗이 씻고 흐르는 물로 충분히 헹궈야 해요. 특히 화장실을 사용한 후나 음식을 준비하기 전에는 반드시 손을 씻어야 해요.

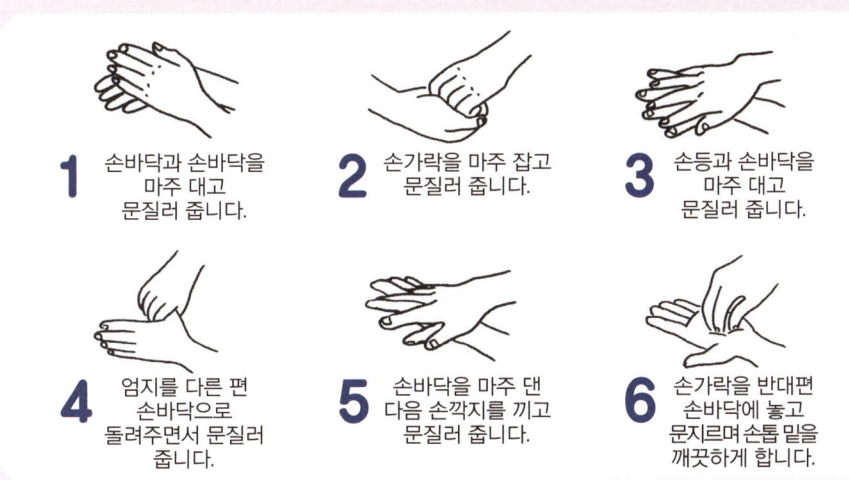

1 손바닥과 손바닥을 마주 대고 문질러 줍니다.
2 손가락을 마주 잡고 문질러 줍니다.
3 손등과 손바닥을 마주 대고 문질러 줍니다.
4 엄지를 다른 편 손바닥으로 돌려주면서 문질러 줍니다.
5 손바닥을 마주 댄 다음 손깍지를 끼고 문질러 줍니다.
6 손가락을 반대편 손바닥에 놓고 문지르며 손톱 밑을 깨끗하게 합니다.

2. 날로 먹는 과일과 채소는 먹기 전에 다시 한 번 씻어 주세요.
3. 노로바이러스 유행 시기에는 어패류도 100도 이상에서 1분 이상 익혀 먹으세요.
4. 도마나 칼 등 조리기구도 끓는 물이나 식초 등으로 깨끗이 소독하세요.
5. 노로바이러스에 감염되었다면 화장실과 만졌던 곳을 꼭 소독하고, 회복 후 3일 동안 사용했던 옷과 이불 등도 뜨거운 물로 세탁해야 해요.

# 스트레스 바이러스
## -슬기로운 불안 날리기-

"이제 일어나야지?"

슬찬이는 엄마의 말이 없어도 눈이 떠졌다. 허리를 세워 앉아 눈을 비비며 고개를 돌리자 8시 40분을 가리키는 시계가 보였다. 슬찬이는 침대에서 빠져나와 아빠와 엄마가 회사에 출근한 빈 집을 둘러보았다.

'나간다고 말이나 해 주지!'

슬찬이는 입을 비쭉거렸다.

'아냐! 깨웠는데 안 일어난다고 짜증 내는 건 더 싫어!'

슬찬이는 고개를 절레절레 흔들었다. 슬찬이는 씻지도 않고 잠옷 차림의 부스스한 모습으로 식탁에 앉았다.

식탁에는 아침상이 차려져 있었다. 접시에 담긴 볶은 어묵과 소고기무국이 조금 식어 있었다. 슬찬이는 거실에서 태블릿컴퓨터를 가져와 식탁에 펼쳤다. 그리고 반찬 뚜껑을 하나하나 열고 밥을 먹으며 태블릿컴퓨터를 켰다.
 학습 홈페이지에 접속하자 출석이 표시되고 클릭을 하자 강의 동영상이 보였다. 슬찬이는 동영상을 보며 밥을 먹기 시작했다.
 밥을 대충 먹은 뒤 그대로 싱크대에 넣었다. 엄마는 빈

그릇은 싱크대와 어울린다고 하며, 밥 먹고 빈 그릇을 싱크대에 두는 것만 해도 고맙다고 하기 때문이었다.

슬찬이는 다음 차시 동영상을 봤다. 얼굴 한 번 제대로 본 적 없는 동영상 속 선생님의 목소리가 익숙해졌다.

"오늘은 국어 85쪽을 펴 보세요."

슬찬이는 동영상을 보면서 교과서를 펼쳤다. 책만 보니 답답했다. 친구들 얼굴도 보고 싶었다.

"아! 답답해!"

슬찬이는 친구들과 마구 수다를 떨며 복도를 쿵쾅쿵쾅 걷거나 뛰어다니고 싶었다.

국어가 끝나고 체육 수업이 이어졌다. 집에서 할 수 있는 스트레칭 정도가 전부였다.

"아! 답답해!"

슬찬이는 태권도장에 나가고 싶었다. 태권도장에 가면 마음껏 뛰어놀 수 있을 것 같아 속셈 학원에 함께 다닌다는 조건으로 다니게 되었는데, 몇 달 다니지도 못했다. 학교만 갔으면 오후에 태권도장에 가는 게 즐거웠을 것 같았다.

점심시간 전인데도 5시간 수업이 휘리릭 지나갔다. 교과서에 적어야 하는 것도 대충 적었다. 그랬더니 학습이 다른 날보다 좀 더 일찍 끝났다.

슬찬이는 거실 창에 서서 밖을 내다보았다. 하늘이 유난히 파랗게 보였다. 밖에 나가고 싶었다.

"바이러스 괴물 있으니까 밖에 나가지 마라. 알았지?"

엄마 목소리가 들리는 듯 했다.

멀리 마스크를 쓴 사람들이 텅 빈 거리를 다니고 있었다. 슬찬이는 그런 풍경이 낯설지 않았다.

"아이, 답답해!"

슬찬이는 중얼거리며 다시 하늘을 쳐다보았다. 창밖으로 파란 하늘과 흔들리는 나뭇잎이 보였다.

"야? 슬찬아, 뭐 하니? 딱 놀기 좋은 날이잖아?"

파란 하늘과 따스한 바람이 슬찬이를 부르는 것 같았다.

'그래. 나가 보는 거야. 설마 내가 바이러스에 걸리겠어?'

순간, 슬찬이의 가슴이 콩닥콩닥 뛰기 시작했다. 슬찬이는 대충 세수를 하고 마스크를 쓰고 모자까지 눌러 썼다. 아무도 알아보지 못할 것 같았다. 집을 나서자 가슴이 더 쿵쾅쿵쾅 뛰기 시작했다.

학교 앞을 지나갔다.

'여기가 내가 다니던 학교였던가?'

학교가 왠지 낯설어 보였다. 겨울방학까지 더하면 거의 반 년 동안 학교를 못 갔다. 학교 정문은 좁게 열려 있었고,

보안관실에는 보안관 아저씨가 자리 잡고 있었다.

슬찬이는 보안관 아저씨가 알아볼세라 고개를 돌려 종종걸음으로 교문을 지나쳤다. 학교 담장 안의 넝쿨장미가 그물 담장을 빠져나와 꽃을 피우며 뒤덮고 있었다.

'이렇게 날씨가 좋은데 사람들이 돌아다니지 않으니 식물들만 신났구나? 향기도 나겠지?'

슬찬이는 혹시나 하는 마음에 마스크를 내리고 장미 향기를 맡으려고 코를 댔다. 장미 향기가 코를 찌르자 코가 뻥 뚫리는 것 같았다.

'얘들은 바이러스가 안 묻어 있겠지?'

슬찬이는 바이러스 생각에 찝찝해지자 얼른 마스크로 입과 코를 가렸다.

슬찬이는 학교 앞 문방구를 바라보았다.

'평소 같으면 문방구 앞 작은 게임기에 모여 앉아 게임을 하느라 정신이 없었을 텐데……'

슬찬이는 학교 앞에서 조금 떨어진 문방구로 향했다. 평소 같으면 학교 바로 앞에 있는 문방구보다 더 많은 아이가 있을 곳이었는데 아무도 없었다.

슬찬이는 게임기 앞에 앉아 동전을 집어넣었다. 그리고 일대일 싸움 게임을 시작했다.

슬찬이는 가끔씩 아는 아이들이 지나가면서 쳐다보는 것은 아닌지 뒤를 돌아봤다. 하지만 지나가는 아이들은 없었다.

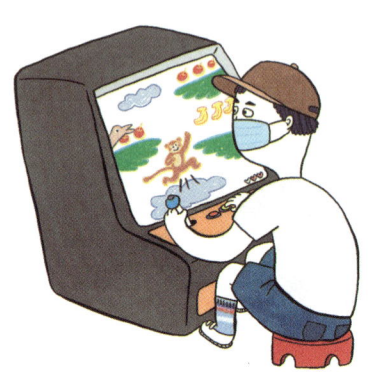

게임을 몇 판 끝낸 슬찬이는 손가락을 탈탈 털며 자리에서 일어섰다.

슬찬이는 학교 뒤쪽에 있는 놀이터로 갔다. 아무도 없어 혼자만의 놀이터 같았다. 슬찬이는 두 팔을 휘휘 내저으며 그네가 있는 곳으로 달려갔다.

'누가 봤으면 이상하게 생각하겠지?'

슬찬이는 양손으로 그넷줄을 붙잡고 달려가면서 그네 위에 올라탔다. 발을 굴러 그네를 흔들자 하늘 속으로 뛰어드는 것 같아 가슴이 뻥 뚫리는 느낌이 들었다.

슬찬이는 철봉에도 매달리고 미끄럼틀도 탔다.

'야! 온 세상이 나만의 놀이터가 된 것 같아!'

집을 나설 때의 떨림은 이미 사

라지고 없었다.

슬찬이는 조금 더 걸어 미장원, 마트, 음식점 등이 있는 길을 지나갔다. 가게가 많아서인지 마스크를 쓴 어른들이 많이 지나갔다.

그때, 어디선가 기침 소리가 들렸다. 마스크에 가려진 답답한 기침 소리였다. 하지만 기침 소리는 끊이지 않았다. 순간, 슬찬이는 불안함에 가슴이 덜컥했다. 그리고 서둘러 집으로 돌아갔다.

집에 돌아온 슬찬이는 소파에 앉았다.

'오랜만에 돌아다녀서 그런지 피곤하네.'

슬찬이는 소파에 등을 기대고 잠시 눈을 감았다. 그런데 갑자기 목이 근질거리고 온 몸이 쑤시는 듯 아파 왔다.

"콜록! 콜록!"

게다가 마른기침이 나올 때는 숨쉬기가 힘들었다. 혹시나 해서 이마에 손을 짚었더니 뜨거움이 느껴졌다. 텔레비전에서 많이 보던 코로나바이러스 감염 증상과 비슷했다.

'어? 코로나바이러스에 걸린 거 아냐?'

순간, 슬찬이는 화들짝 놀랐다.

'내가 밖에 나갔다 와서 그런 거야? 어디서 걸린 걸까? 다른 사람들을 접촉한 것도 없었는데? 설마 게임기나 놀이터에서?'

슬찬이는 몸을 바르르 떨며 온갖 상상을 했다.

"콜록! 콜록!"

기침이 심해지자 숨쉬기가 힘들고 목이 따끔거렸다.

'정말 감염된 거라면 어떡하지?'

슬찬이의 눈에 눈물이 글썽거렸다.

"딩동! 딩동!"

초인종이 울렸다. 슬찬이는 엄마가 돌아온 것 같아 반가운 마음에 문을 덜컥 열었다. 순간, 슬찬이 앞에 방호복을 입은 아저씨들이 서 있었다.

"슬찬아, 잠깐 들어가도 되겠니?"

슬찬이는 대답도 하지 못하고 머뭇거렸다. 그러자 아저씨들이 집 안으로 들어와 소독약을 뿌리기 시작했다.

"슬찬아, 오늘 밖에 나갔지? 어디어디 갔다 왔는지 말해 줄 수 있겠니?"

방호복 속의 아저씨는 부드러운 목소리로 말했지만 얼굴이 잘 보이지 않아 무서웠다.

'아, 이게 말로만 듣던 역학조사구나!'

슬찬이는 자신의 상황을 이해하면서도 무서움에 몸을 바르르 떨며 선뜻 대답하지 못했다.

문밖에는 동네 사람들이 하나둘 모여들었다.

"슬찬이가 바이러스에 감염되었는지 검사를 해야 하는데, 입을 좀 크게 벌려 보겠니?"

방호복을 입은 한 아저씨가 슬찬이의 얼굴 앞에 기다란 면봉을 갖다 댔다.

주위 사람들이 웅성거리기 시작했다.

"저 꼬마애가 감염된 거야? 조심해야겠네."

"저 아이 이름이 슬찬이라고 했지? 조심하라고 맘카페에 빨리 올려야겠어."

"그렇게 이름까지 말하면 개인정보 위반 아닌가요?"

"그럼 ㅅㅊ이라고 하지요, 뭐. 사실 정확하게 알려야 사람들이 조심할 수 있는 거 아닌가요? 개인정보보다는 사회 안전이 우선인 것 같아요."

"맞아요. 이 근처 초등학생들도 많지만 어르신들도 많은데……."

"그래도 그러면 안 되는데……. 그나저나 어쩌다가 걸렸을까?"

"평소에 어른 말을 잘 듣지 않은 아이가 틀림없어요."

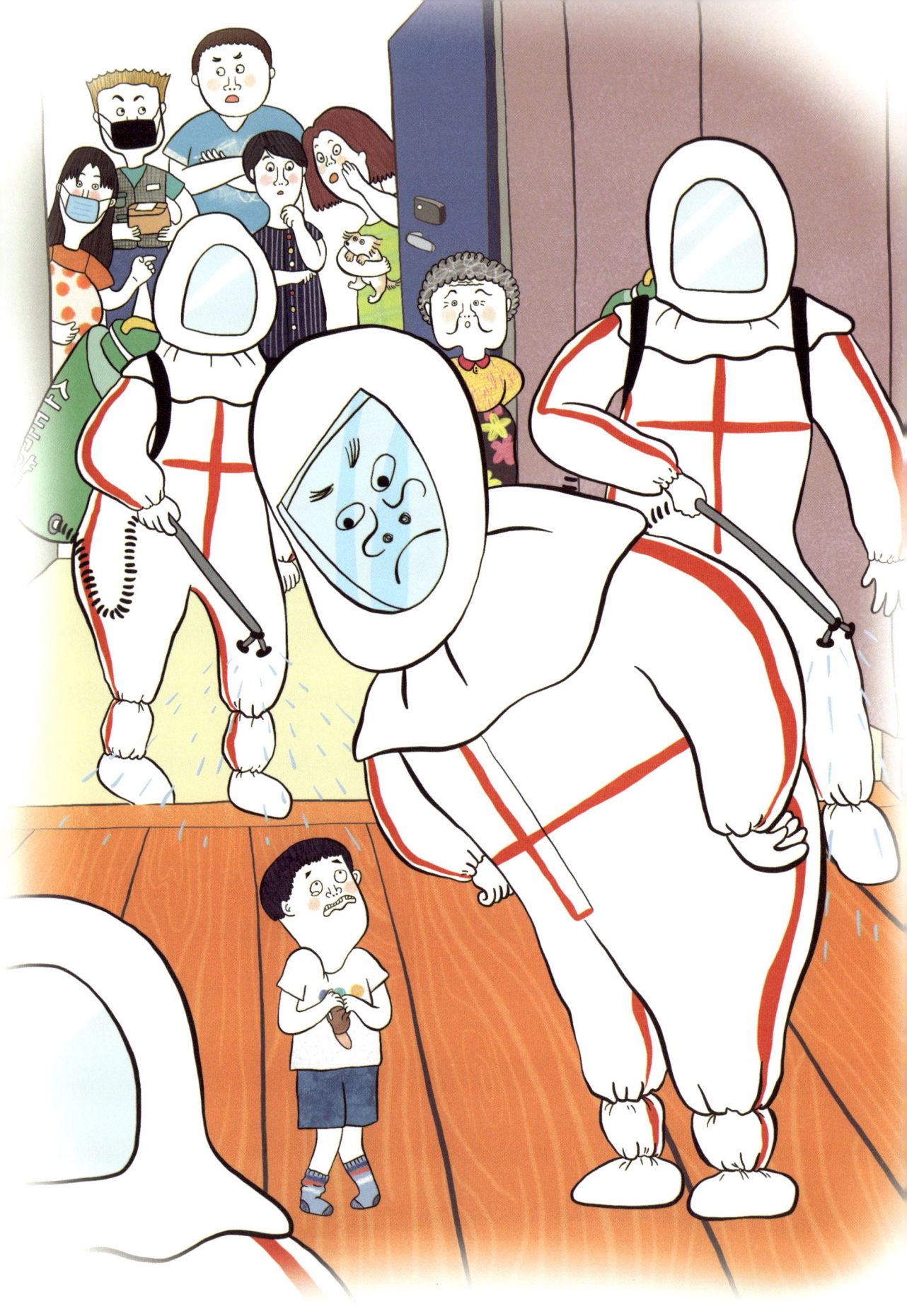

"보나마나 학교에서는 선생님 말씀도 잘 안 들을 거예요."

사람들은 소곤거리는 것 같았지만 슬찬이의 귀에는 아주 크게 들렸다. 순간 슬찬이의 얼굴이 벌겋게 달아올랐다.

"나는 감염자가 아니에요. 얼마나 조심했는데……. 그리고 딱 오늘만 나갔을 뿐이라고요."

슬찬이는 마스크를 쓴 채 소리를 질렀다. 순간 주위의 모든 사람이 슬찬이를 쳐다보며 조용해졌다.

"슬찬아, 여기서 이러면 안 돼!"

"아니란 말이에요. 저는 감염자가 아니에요. 검사해 보면 될 거 아니에요."

슬찬이가 소리치면서 입을 크게 벌렸다.

"슬찬아, 뭔 잠꼬대를 그렇게 하니? 게다가 입은 떡 벌리고. 침도 질질 흘리고."

엄마의 목소리에 슬찬이가 눈을 떴다. 그리고 주위를 살폈다.

"아, 꿈이었구나!"

슬찬이는 가슴을 쓸어내렸다.

저녁을 먹으면서 슬찬이는 엄마와 아빠한테 낮에 돌아다닌 것과 꿈 이야기를 했다.

"우리 슬찬이가 많이 답답했나보구나? 스트레스도 많이

받고. 스트레스가 만병의 근원이라고 하는데, 이렇게 집에만 틀어박혀 있으니 스트레스를 안 받을 수도 없지."

엄마가 길게 한숨을 내쉬며 말했다.

"여보, 이번 주말에 우리 캠핑갈까?"

아빠의 말에 슬찬이가 눈을 휘둥그레 떴다.

"그래. 사람 없는 조용한 곳에 가서 마스크 쓰지 않고 자연의 공기를 마셔 보는 거야!"

"야호!"

슬찬이는 양팔을 크게 벌리며 소리쳤다.

"야, 밥 먹다가 무슨 야호냐? 여기가 산도 아닌데……."

슬찬이의 모습에 아빠가 웃으며 대꾸했다.

"그럼, 앗싸!"

슬찬이는 다시 주먹을 쥐었다가 아래로 내리며 말했다.
그 모습에 엄마와 아빠가 환하게 웃었다.

# 어린이 질병 예방

### 스트레스란?

'스트레스'라는 말은 '팽팽히 조인다'라는 뜻의 라틴어 'stringer'에서 유래되었어요. 스트레스를 받으면 처음에는 초조해지고 걱정이 많아지는 불안 증상이 시작돼요. 대부분의 불안 증상은 일시적이므로 괜찮지만 스트레스 요인이 계속되면 스트레스 상황을 이겨내지 못하고 병으로 발전하게 된답니다.

스트레스로 인해 흔히 생길 수 있는 병은 불안장애, 수면장애, 화병 등의 정신적인 부분도 있지만 긴장성 두통, 과민성 대장증후군, 고혈압 등의 신체적인 부분도 있지요. 그 뿐만 아니라 스트레스가 심하면 면역 기능이 떨어져 암과 같은 위험한 병에 걸릴 수도 있답니다.

좋은 일도 스트레스가 될 수 있다고 해요. 자식이나 배우자의 죽음이 주는 스트레스가 100이라고 하면 결혼식은 50 정도의 스트레스가 된다는 연구 결과도 있어요.

모든 스트레스가 꼭 피해를 주는 것은 아니에요. 적당한 스트레스는 긴장감을 주어 생활의 활력을 주기도 하지요.

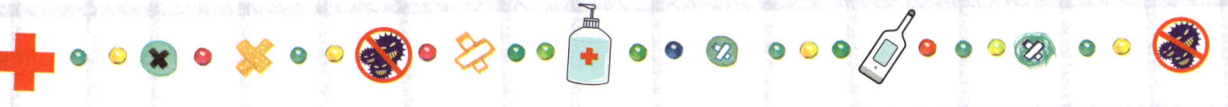

## 스트레스를 이겨내세요

 스트레스는 만병의 근원이므로 스트레스를 해소하거나 이겨내는 방법을 찾아야 해요.

1. 스트레스가 전혀 없이 살아갈 수는 없어요. 그러므로 스트레스에 대한 부정적인 마음을 버리는 것이 중요해요.

2. 어린 아이들은 스트레스를 받으면 울거나 짜증을 쉽게 내요. 그것은 어른에 비해 통제가 잘되지 않기 때문이랍니다.

3. 산책하세요. 하루에 10~30분의 가벼운 산책은 혈당을 올려 주는 호르몬인 노르에피네프 수치를 증가시켜 스트레스를 줄이는 데 도움이 되지요.

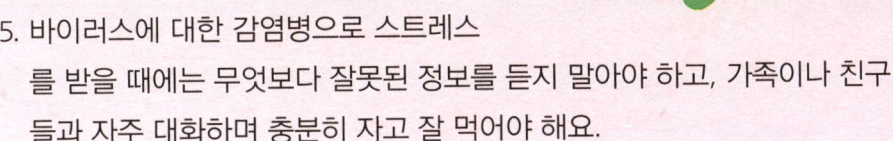

4. 운동하세요. 운동 후에는 기분을 좋게 하는 세로토닌과 엔도르핀 호르몬의 분비가 증가하고, 근육을 사용하면 스트레스를 줄이는 데 도움이 되지요.

5. 바이러스에 대한 감염병으로 스트레스를 받을 때에는 무엇보다 잘못된 정보를 듣지 말아야 하고, 가족이나 친구들과 자주 대화하며 충분히 자고 잘 먹어야 해요.

# 마스크 바이러스
## —마스크로 바이러스 막기—

에피소드 3

마스크를 쓴 아이들이 교실로 모여들었다. 민호는 교실로 들어가려는 현중이를 보고 고개를 갸웃거렸다.

"현중이 너, 맞지?"

"그래. 이게 얼마만이냐?"

"그러게. 같은 반이 된 건 알았지만 학교에서 만난 것은 몇 달 만이네?"

둘은 반가움에 하이 파이브를 하려고 했다.

"아, 하이 파이브하면 안 된다고 했지?"

둘은 팔목 터치를 했다.

"민호야, 아까 열화상 카메라 지나올 때 떨리지 않았니? 난 엄청 떨리던데."

"그러게. 난 뛰어왔는데, 열이 높을까 봐 교문 앞에서 좀

서 있다가 들어갔다니까. 내가 좀 뚱뚱해서 조금만 빨리 걸어도 열이 나고 땀까지 나거든."

"나도 괜히 무섭더라고. 거기서 걸리면 정말 창피할 거 아냐."

"맞아. 나도 그런 느낌은 들었어. 그런데 공항에서만 보던 걸 여기서 보니까 신기해서 손가락으로 '브이' 하고 왔지. 히히."

민호가 손가락으로 '브이' 하며 말을 이었다.

"그나저나 마스크 너무 불편하지 않냐?"

"맞아. 옛날에는 감기 걸린 사람만 마스크를 썼는데, 요즘은 아무 증상이 없어도 마스크를 쓰니까 이상해. 마스크가 옷이 된 느낌이야."

"지금도 말하니까 더 답답하다."

민호는 마스크를 들어 크게 심호흡을 하고 다시 입을 가렸다.

둘은 교실에 들어가 자기 이름표가 놓인 책상을 찾아 앉았다. 다들 한 책상씩 건너 앉았다. 짝끼리 붙어 있지 않아 낯설었다.

그때, 마스크를 쓴 선생님이 들어왔다. 짧은 머리카락에 안경을 쓰고 있었다. 선생님은 책상에 앉아 이것저것 준비하는 것 같았다. 9시가 되자 아이들이 거의 다 들어왔다.

선생님이 칠판 앞으로 나갔다.

"안녕하세요? 학년이 바뀌었지만 몇 달 만에 교실에서 얼굴을 처음 보는군요. 아니, 얼굴의 절반 이상을 가렸으니

까 얼굴이라고 말하기도 그렇고……."

선생님의 말에 아이들이 깔깔깔 웃었다.

"오늘은 첫날이니까 학급에서 지켜야 할 일과 자기소개를 해보도록 할게요."

"선생님, 마스크 쓰고 수업해야 해요?"

민호가 답답하다는 듯 이맛살을 찌푸리며 말했다.

"여러분들이 답답해하는 건 이해하지만 지금은 어쩔 수 없어요. 그래도 마스크를 쓴 채 쉼 없이 말해야 하는 선생님보다는 낫지 않겠어요? 2미터 이상 떨어지면 마스크를 안 써도 된다지만 학교에서 그럴 수 없으니 불편하더라도 참고 꼭 쓰도록 하세요. 알았죠?"

선생님이 상냥한 목소리로 눈웃음을 던지며 말했다.

아이들은 비교적 조용한 모습으로 수업을 시작했다. 선생님은 한참을 학급에서 지켜야 할 일을 말했다. 가끔 숨이 가쁜 듯 호흡을 길게 하기도 했다. 그때마다 선생님의 안경에 김이 서렸다.

아이들은 자기소개 학습지를 쓴 뒤 차례로 앞으로 나가 발표를 했다. 너무 길게 자기소개를 하는 아이들은 마스크 때문에 말하기가 힘든 듯 싶었다. 가끔 아이들의 발표에 선생님의 마스크가 실룩거렸다. 웃는 게 틀림없었지만 입은 보이지 않고 눈빛만 반짝거렸다.

쉬는 시간이 되었다.

"복도나 화장실에서도 자신과 다른 사람의 안전을 위해 마스크를 꼭 쓰고 있어야 해요. 알았죠?"

'알았죠?' 하는 높은 톤의 선생님 목소리에 아이들은 "예!" 하고 크게 대답했다.

민호와 현중이는 함께 화장실에 갔다. 민호는 화장실에 들어가자마자 마스크를 쓱 내렸다.

"야, 그러다가 선생님께 걸리면 어떡해?"

"얼굴에 뭐 묻어서 닦으려고 했다고 하면 되지 뭐. 화장실에서 얼굴 씻는 게 뭐 큰 죄는 아니잖아?"

민호는 보란 듯이 마스크를 벗고 이야기했다.

"아! 시원해!"

민호가 크게 심호흡을 하며 제자리에서 빙글 돌았다. 그러다가 화장실에 들어가려는 성준이의 발을 밟았다.

"야, 뭐하는 거야?"

"아, 미안해!"

민호는 허리를 숙여 성준이의 실내화를 툭툭 털었다.

"이쪽 발 아니거든?"

"뭐? 내가 족발이라고? 내가 뚱뚱하다고 놀리는 거야?"

민호가 갑자기 눈을 부라리며 크게 소리쳤다. 평소 뚱뚱해서 돼지라고 놀림 받았던 민호였다.

"야, 내가 언제 족발이라고 했어? 네가 밟은 발이 지금 그 발이 아니라 반대쪽 발이라는 거지."

성준이가 어이없다는 듯 대꾸했다.

"그런 말이었어? 마스크를 쓰고 말하니까 제대로 안 들려서……."

성준이의 말에 민호는 뒷머리를 긁적이며 변명을 했다. 민호는 마스크를 벗은 채 화장실에서 한참 떠들다가 나오면서 마스크를 쓰려고 했다.

"설마 화장실에서 마스크를 벗고 있었던 거 아니지요?"

선생님의 목소리에 민호가 화들짝 놀랐다.

"화장실에서도 마스크 벗지 마세요. 알았죠?"

"네."

선생님의 말에 민호가 기어들어 가는 목소리로 대답했다.

급식시간이 되었다. 아이들은 마스크를 쓴 채 급식을 받고 띄엄띄엄 한 자리씩 건너 앉았다. 그리고 마스크를 벗고 밥을 먹기 시작했다. 그런데 아이들은 밥보다는 주위를 살피느라 정신이 없었다. 민호와 현중이도 서로 마주보고 키득키득 웃었다. 어떤 아이들은 서로 숟가락을 들어 올려

인사를 나누기도 했다.

마지막으로 선생님이 급식을 받고 자리에 앉자 아이들의 눈길은 모두 선생님에게 쏠렸다. 잘 보이지 않는 아이들은 몸을 숙이거나 젖혀서 선생님을 쳐다보았다.

선생님이 아이들의 눈길을 느꼈는지 마스크를 벗고 자리에서 일어나 아이들을 휘 둘러보았다.

"와!"

아이들은 갑자기 소리를 지르더니 박수를 치기 시작했다. 선생님이 다시 마스크를 썼다.

"선생님 얼굴이 밥 먹는 것보다 더 궁금했나 봐요? 자, 이제 궁금한 거 해결되었지요? 조용히 밥 먹기로 해요. 알았죠?"

"네!"

밥을 다 먹은 아이들은 교실로 돌아왔다. 그리고 약속대로 돌아다니지 않고 자리에 앉았다. 현중이가 자리에서 일어났다.

"뭐 하려고?"

민호가 물었다.

"이 닦아야지!"

"뭐? 이따가 놀자고? 나야 좋지!"

"뭔 소리래? 나는 치카치카하러 간다고! 너는 네가 듣고 싶은 대로 바꿔 듣는구나?"

현중이가 이를 닦는 흉내를 내며 말했다.

"네 목소리가 이상해서······."

민호가 머뭇거리며 변명을 했다.

"내 목소리가 이상한 게 아니라 네 귀가 이상한 거야!"

현중이의 말에 민호는 더 이상 대꾸하지 않고 얼굴만 발개졌다.

며칠 뒤, 민호가 학원에 가는 길이었다. 민호는 앞에 사람들이 없자 마스크를 벗어 한 손에 들고 흔들며 학원으로 향했다. 그런데 목이 간질간질 하더니 입안에 침이 고였다.

"퉤!"

민호는 침을 길거리에 뱉었다.

"아무 데서나 침을 뱉으면 안 되지요. 게다가 마스크까지 안 쓰고······."

민호가 고개를 돌리자 어깨에 가방을 멘 아주머니가 서 있었다.

"아줌마가 무슨 상관이에요? 우리 선생님이 2미터 이상 떨어져 있으면 마스크를 안 써도 된다고 하셨거든요?"

"그래요? 지금 내가 코앞에 있는데, 2미터 이상인가요?"

아주머니가 민호 코앞까지 다가오더니 말을 이었다.

"그리고 그 선생님이 아무 데나 침을 뱉어도 된다고 가르치셨어요?"

"칫! 아주머니가 경찰도 아니잖아요. 그리고 제가 침 뱉은 걸 가지고 이래라저래라 하는 것은 인권침해예요."

"인권침해? 민호가 사람을 못 알아보는 걸 보니 정말 걱정이군요."

'민호? 날 알고 있었나?'

순간 민호는 화들짝 놀라 눈이 휘둥그레졌다. 아주머니의 말은 계속 이어졌다.

"여기서 길게 이야기할 수 없으니까 인권침해에 대해서는 내일 교실에서 이야기해 보기로 해요. 알았죠?"

민호는 "알았죠?"라는 높은 목소리에 얼굴을 붉히고 말았다. 순식간에 팔에 오돌오돌 닭살이 돋는 것 같아 몸을 움츠렸다.

'아뿔싸! 선생님이셨구나!'

민호를 바라보는 아주머니의 눈빛이 환해 보였다.

"선생님 말씀대로 마스크는 꼭 쓰고 다니세요. 알았죠?"

선생님은 민호에게 손을 들어 보이며 앞장서서 걸었다. 민호는 아무 대꾸도 하지 못하고 마스크를 걸치며 가볍게 고개를 숙여 인사했다.

'내일 선생님이 야단치시겠지? 아니야. 그런 일로 야단치시겠어? 야단 안 치실 거야. 그런데 늘 내 예상이 빗나가는 것은 어떡하지?'

민호는 짧은 시간에 온갖 상상을 했다. 그리고 주위를 다시 살피며 마스크를 눈 바로 밑까지 올려 쓰고 고개를 숙인 채 학원으로 향했다.

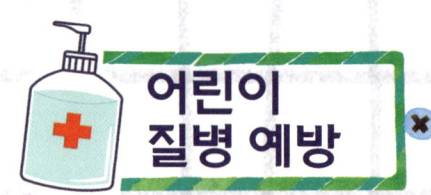

## 마스크 종류와 기능

| 분류 | 종류 | 예시 | 기능 |
|---|---|---|---|
| 공산품 | 방한 마스크 | | 추위로부터 얼굴 보호<br>미세먼지 차단 × / 특수 필터 × |
| 산업용 | 방진 마스크 | | 미세먼지가 많은 산업현장에서 호흡기 보호<br>미세먼지 차단 ○ / 특수 필터 ○ |
| 의약외품 | 보건용 마스크 | | 감염, 악취, 매연으로부터 호흡기 보호<br>미세먼지 차단 × / 특수 필터 × |
| | 수술용 마스크 | | 의료기관에서 진료, 수술 시 감염 예방<br>미세먼지 차단 × / 특수 필터 × |
| | 방역용 마스크<br>(N95 등) | | 질병의 감염으로부터 호흡기 보호<br>미세먼지 차단 ○ / 특수 필터 ○ |
| | 황사 차단 마스크<br>(KF94, KF80 등) | | 황사, 미세먼지로부터 호흡기 보호<br>미세먼지 차단 ○ / 특수 필터 ○ |

바이러스를 막기 위해서는 특수 필터가 되어 있는 황사 차단 마스크를 써야 해요. 황사 차단 마스크는 KF80, KF94, KF99 마스크를 말해요. 여기서 KF는 'Korea Filter'의 약자로 숫자가 높을수록 더 작은 입자를 잘 차단할 수 있지요.

'KF80'은 평균 0.6㎛ 크기의 미세입자를 80% 이상 걸러낼 수 있으며, 'KF94', 'KF99'는 평균 0.4㎛ 크기의 입자를 각각 94%, 99% 이상 걸러낼 수 있답니다. 이때 ㎛(마이크로미터) 단위는 백만 분의 1미터를 의미해요. 0.4㎛, 0.6㎛의 미세입자는 머리카락 굵기의 약 200분의 1 정도 되는 크기랍니다.

## 마스크를 올바르게 사용하세요

　마스크를 쓰는 목적은 침방울(비말)로 퍼지는 바이러스를 차단하고, 오염된 손이 입, 코를 만져 몸속으로 바이러스가 들어가는 것을 막기 위해서예요. 그래서 마스크를 쓰는 것은 내 자신의 건강뿐만 아니라 가족, 친구, 이웃의 건강을 지켜주는 것이지요. 더불어 마스크의 올바른 사용 방법도 알고 있어야 해요.

- 마스크를 착용하기 전에 손을 깨끗이 씻어요. 손이 더러우면 마스크가 금세 오염되지요.
- 마스크를 자주 만지지 마세요.
- 마스크를 벗은 후에도 손을 깨끗이 씻어요.
- 다른 사람과 대화할 때는 마스크를 벗지 않아야 해요. 다만 호흡이 답답하다고 느껴지면 잠시 벗어야 하지요.
- 고정심을 위쪽으로 하여 콧등부터 입, 턱 부분을 완전히 밀착시켜 가린 뒤 양쪽 귀에 끈을 걸어 고정시켜요.
- 마스크를 벗을 때는 끈만 잡고 벗고 다시 쓸 때도 끈과 마스크 모서리만 잡고 쓰세요.
- 호흡면이 젖었거나 오염된 마스크는 재사용하지 마세요.

# 떨어져 바이러스
## —슬기로운 대인관계 만들기—

등교 시간에 현미는 복도에서 까만 마스크로 얼굴을 반이나 가린 준성이를 만났다.

"너 왜 마스크 쓴 거야?"

"콜록! 콜록!"

준성이는 현미가 묻는 것이 끝나기도 전에 기침을 했다.

"감기에 걸려서 그래!"

준성이가 현미에게 다가가며 코가 꽉 막힌 듯한 소리로 말했다. 그러자 현미는 화들짝 놀라며 뒷걸음질쳤다.

"응. 굳이 가까이에서 말 안 해도 기침 소리가 벌써 알려 줬거든!"

현미는 교실 안으로 뛰다시피 들어갔다.

"콜록! 콜록!"

준성이가 코를 훌쩍이며 기침을 하자 짝꿍인 현미가 책상을 움직여 준성이와 좀 떨어져 앉았다. 그리고 준성이가 기침을 할 때마다 이맛살을 찌푸리고 손으로 코와 입을 막으며 준성이를 쳐다보았다.

점심시간, 점심을 먹은 아이들이 운동장에서 경도놀이를 했다. 그런데 아이들은 준성이가 도둑인데도 잡지 않았다.

준성이가 경찰인 현미에게 다가갔다. 하지만 현미는 준성이를 잡지 않았다.

"야, 나는 도둑인데 안 잡아?"

"기침하는 도둑을 어떻게 잡냐? 너 아무래도 독감 걸린 거 아냐? 독감이면 우리한테 옮을 수도 있잖아. 저리 떨어져! 기침을 하면 스스로 사회적 거리를 둬야 하는 거 아냐?"

현미의 말에 준성이는 어이없는 듯 웃었다.

"사회적 거리? 내가 뭐 코로나바이러스라도 걸렸냐? 그리고 어제 병원에 갔는데 독감 아니고 그냥 감기랬어. 콜록! 콜록! 그나저나 경찰이 도둑을 잡을 때, 콜록! 콜록! 이것저것 따지면 안 되는 거 아냐?"

준성이가 기침을 하며 말하자 현미는 뒤로 물러나 준성이에게서 떨어졌다.

"내가 뭐 진짜 경찰이냐? 그리고 가까이 오면서 기침하지 마! 제발 떨어지란 말이야. 기분 나쁘게! 그리고 솔직히 말해서 기침을 그렇게 심하게 하면 학교에 나오면 안 되는 거 아냐?"

"내가 걸리고 싶어서 그런 것도 아니잖아. 그리고……."

준성이는 떨리는 목소리로 말을 이었다.

"같이 놀면서 날 안 잡는 건 나를 따돌리는 거 아냐?"

준성이는 알 수 없는 서러움이 밀려드는지 말을 하면서 눈물을 흘렸다.

"뭐야? 그깟 일로 우냐? 찌질하게."

현미는 거칠게 말을 내뱉었다.

"뭐라고? 너 말 다했냐?"

준성이는 눈물을 뚝 멈추더니 슬슬 화가 오르는지 얼굴이 발갛게 달아올랐다. 현미 옆에 있던 지연이가 눈치를 주듯 팔꿈치로 현미의 팔을 툭 건드렸다.

그때, 점심시간의 끝을 알리는 벨이 울렸다. 준성이와 현미를 쳐다보던 아이들이 후다닥 교실로 뛰어 들어갔다. 현미도 더 이상 대꾸하지 않고 뛰다시피 교실로 들어갔다.

현미가 책상 서랍에서 책을 꺼내려고 할 때 준성이가 화장지로 코를 풀었다.

"콜록!"

큰 기침과 함께 침이 튀어 현미 손등에 묻고 말았다.

"에잇. 더러워! 이게 뭐야?"

현미는 얼굴을 잔뜩 일그러뜨리며 화장실로 가서 손을 씻고 왔다. 현미는 수업이 끝날 때까지 얼굴을 잔뜩 일그러트린 채 짜증난 표정을 지었다.

다음 날, 현미도 마스크를 쓰고 교실로 들어왔다.
"쿨럭! 쿨럭!"
현미가 아침부터 기침을 했다.
"준성이한테 감염된 거 아냐?"
아이들이 현미 옆에 모여 중얼거렸다.
"어제 쟤가 내 옆으로 와서 말을 하고 침까지……. 쿨럭! 쿨럭!"
현미는 숨이 넘어갈 듯 기침을 하며 가슴을 두드렸다. 현미의 얼굴이 발갛게 달아올랐다.
"옮은 게 틀림없어!"
현미는 준성이를 뚫어지게 노려보며 말했다. 준성이는 아무 말도 못 하고 고개를 숙였다.
"쿨럭! 쿨럭!"
"너 그러다가 숨넘어가는 거 아냐?"
"무슨 무서운 소리를 그렇게 하니?"
현미가 괴로운 얼굴로 기침을 하자 아이들이 걱정스러

운 표정으로 웅성거렸다.

현미는 기침을 하면서 몸에 오한이 나는지 바르르 떨기도 했다. 그럴 때마다 이마에 식은땀까지 흘렀다.

"콜록! 콜록!"

"쿨럭! 쿨럭! 쿨럭!"

수업이 시작되자 준성이와 현미가 번갈아 기침을 했다. 선생님이 걱정스러운 표정으로 현미에게 다가가 머리에 손을 가볍게 댔다. 이마가 불덩어리 같았다.

"현미야, 많이 불편하겠구나? 열도 나는 것 같은데 보건실에 다녀오지 않겠니?"

선생님이 걱정스러운 목소리로 말했다. 하지만 현미는 알 수 없는 서러움이 울컥 밀려왔다.

"준성이한테는 아무 말도 안 하시면서……."

현미는 순간적으로 마음속의 말을 중얼거리고 말았다. 그러자 선생님이 당황한 듯 손사래를 쳤다.

"현미야, 그런 뜻이 아니었는데 속상했나 보구나? 준성이는 열이 많이 나지 않는 것 같은데, 너는 언뜻 보기에도 열이 많이 나는 것 같아 걱정스러워서 하는 소리야. 기침을 하면서 열이 나는 것은 아주 좋지 않은 증상이거든."

선생님의 말에 현미는 대꾸도 하지 않고 교실을 나섰다.

잠시 후, 선생님 책상 위에 있는 전화기가 울렸다.

"네. 그렇군요. 제가 챙겨서 보내도록 하겠습니다."

선생님은 수화기를 내려놓고 현미 자리로 와서 가방을 챙겼다.

"현미가 열이 너무 높아 어머니께서 보건실로 와서 데려가기로 했어요. 선생님이 현미 가방을 좀 전해주고 올 테니 잠시 조용히 하면서 수학 익힘책을 풀고 있으세요."

"네에!"

아이들은 길게 대답하며 수학 익힘책을 폈다. 그리고 선생님이 교실 밖으로 빠져나가자 언제 그랬냐는 듯 웅성거리기 시작했다.

"그냥 감기가 아니었나 봐?"

"독감인가? 그러면 우리한테 옮기는 거 아냐?"

"뭐? 감염된다고? 아까 기침을 아주 심하게 하던데. 그럴 때는 학교에 나오면 안 되는 거 아냐?"

"야, 현미가 걸리고 싶어서 걸렸겠니?"

"그래도 독감이라면 어떡하지? 손이라도 씻고 와야겠다."

아이들은 웅성거리기도 하고 가까이 앉은 아이들은 화장실에 가서 손을 씻고 오기도 했다. 잠시 후, 선생님이 들어오셨다.

"콜록! 콜록!"

준성이가 기침을 했다. 준성이는 분위기가 잔뜩 가라앉은 걸 느껴 겸연쩍은지 고개를 푹 숙였다.

"괜찮아요. 요즘 다른 반에도 감기에 걸린 친구들이 많고 독감에 걸려서 학교에 못 나오는 친구들도 많아요. 여러분도 독감 예방주사를 맞았더라도 독감에 걸릴 수 있으니 늘 조심하고 어디서든 먼저 손부터 씻는 거 잊지 마세요!"

선생님의 당부가 있었다.

다음 날, 현미는 학교에 오지 않았다.

"얘들아, 카톡 봤지?"

"응. 현미가 A형 독감에 걸려서 오늘부터 일주일 동안 학교에 못 나온다고 했잖아."

"우리처럼 A형, B형 하는 걸 보니 독감도 혈액형이 있나?"

"야, 그런 아재 같은 농담하지 마. 하나도 안 웃기거든?"

"독감은 A형, B형만 있는 게 아니라 C형도 있대. A형, B형은 심각하지만 C형은 증상이 약해서 크게 걱정하지 않아도 되기 때문에 검사를 안 하는 거래."

"그래? 그거 가짜 뉴스 아니지?"

"그럼. 당연하지. 아, 나는 손 씻고 올래!"

"난 손 소독제 발랐으니까 괜찮아."

아이들은 아침부터 독감에 대한 이야기로 떠들썩했다.

일주일 뒤, 현미가 학교에 나왔다.

"현미야, 괜찮니?"

"응. 약 먹으니까 금세 좋아졌어. 감기보다 빨리 낫던데?"

아이들이 현미에게 다가와 묻자 현미가 환하게 웃으며 대답했다. 현미가 멋쩍은 표정으로 준성이를 쳐다봤다.

"왜? 아직도 나한테서 옮은 것 같아?"

"아니, 넌 감기고 난 독감이었잖아. 당연히 너한테서 감염되었을 리 없지. 미안하게 됐어."

"어쭈. 사회적 거리 말하면서 떨어지라고 할 땐 언제고."

"야, 쪼잔하게 그걸 마음에 두고 있었냐?"

현미가 준성이에게 다가가 팔을 툭 치며 말을 이었다.

"이따가 점심시간에 경도할 때 내가 경찰이 되면 너만 잡아 줄 테니 염려 마!"

"뭐? 내가 너한테 잡힐 것 같아?"

현미와 준성이가 지지 않겠다는 듯 목소리를 높였다.

"너희들 지금 뭐 하는 거야? 준성이는 예전부터 현미한테 잡혀 있었는데……. 마음이."
"뭐라고? 그게 사실이야? 가짜 뉴스 아니지?"
"아! 그런 거였구나!"
아이들은 현미와 준성이를 번갈아보며 놀리듯 말했다. 준성이 얼굴이 빨개졌다.

"맞네. 맞아. 너희 둘이 떨어져!"
"그래. 한 교실에서 그러는 거 아냐!"
아이들은 현미와 준성이를 놀리는 재미로 재잘재잘 떠들어 댔다.

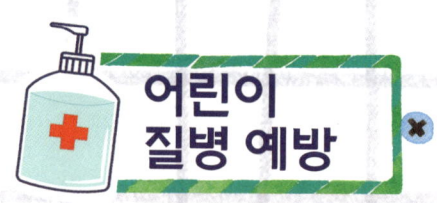

## 어린이 질병 예방

 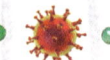 

### 바이러스 감염 때의 슬기로운 대인관계

1. 독감 등 바이러스 감염 때에는 가까운 가족이라도 거리를 두는 것이 필요해요. 물론 거리는 멀어져도 마음은 멀어지면 안 되겠지요?

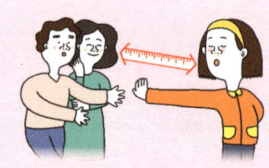

2. 열이 나거나 호흡기 증상이 있을 때에는 마스크를 쓰고 다른 사람들과 악수하는 등의 접촉을 최대한 줄이는 배려심이 필요해요.

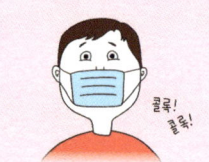

3. 독감 등에 감염되면 학교에 가지 않고 집에 머물러요. 약을 먹으면 괜찮아져서 가고 싶은 마음이 굴뚝같겠지만 의사 선생님이 등교하라고 할 때까지는 집에 머물러야 해요.

4. 어쩔 수 없이 외출을 해야 할 때에는 마스크를 꼭 쓰고 다른 사람과 간격을 두며 건강 거리를 지켜야 해요.

5. 독감 등에 감염되면 모여서 대화를 하거나 식사를 하는 대신 전화나 문자를 통해 이야기 나누는 것이 필요해요.

7. 30초 이상 손을 자주 씻고 기침이 나오면 옷소매로 가려서 가족과 다른 사람을 배려해야 해요.

## 감기와 독감

여러 바이러스 때문에 걸리지만 주로 리노바이러스, 코로나바이러스에 의해 걸려요.

사계절 내내 걸릴 수 있어요.

기침, 코막힘, 가래, 콧물 등의 증상이 천천히 나타나지만 열은 거의 안 나타나요.

중이염, 축농증의 합병증이 있어요.

예방 백신이 없어요. 독감 예방접종이 감기를 예방하는 것은 아니에요.

증상을 줄이기 위해 해열 진통제나 진해 거담제 등을 사용할 뿐 치료약은 없어요.

독감은 인플루엔자바이러스에 의해 걸려요.

12월 말에서 2월 중순 사이에 많이 걸리는 계절성 질환이에요.

감기와 증상이 비슷하지만 38도 이상의 고열과 몸살, 구토 등의 증상이 갑자기 나타나요.

폐렴 등의 합병증이 있어 심하면 목숨을 잃을 수 있어요.

독감 예방 백신이 있어요. 매년 9~11월 사이에 인플루엔자 백신 예방접종을 하는 것이 좋아요.

48시간 이내 항바이러스 치료제를 먹으면 좋아져요.

감기나 독감 모두 침으로 인해 감염되기 쉽기 때문에 일반적인 예방 수칙을 지키는 것이 가장 중요해요.

* 손을 자주 씻어야 해요.

* 기침, 재채기를 할 때 손수건이나 휴지, 옷깃에 해요. 팔꿈치로 입을 가리는 것도 좋아요.

* 기침, 목 아픔, 콧물 등의 증상이 나타나면 마스크를 써요.

* 독감이 유행할 때는 사람들이 많은 장소의 방문을 피하는 것이 좋아요.

# 면역 바이러스
## 에피소드 5 —면역력 기르기—

"종민아, 이제 그만 일어나."

엄마가 이불을 걷으며 날카로운 목소리로 말했다.

"5분만, 5분만 더 자면 안 될까요?"

종민이는 새우처럼 웅크렸던 몸을 잠시 펴더니 엄마가 걷어 낸 이불을 다시 끌어당겼다. 종민이는 영원히 밤만 계속 되었으면 좋겠다고 생각했다.

순간, 엄마가 거칠게 이불을 걷어 냈다. 결국 종민이는 얼굴을 찌푸린 채 일어났다.

"일찍 자고 일찍 일어나라고 그렇게 말하는데도 밤늦게까지 텔레비전 보고 게임하고……. 네가 올빼미야?"

매일 똑같이 반복되는 엄마의 잔소리에 종민이는 재빨리 화장실로 들어가 문을 닫고 세수를 했다.

"꼭 아침부터 잔소리를 들어야 시원하겠니?"

화장실 밖에서도 엄마의 잔소리가 들렸다.

종민이는 아침도 먹는 둥 마는 둥 했다.

"아침을 제대로 먹는 게 좋다고 그렇게 말해도 그러지 않고 자기 전에 폭식하고. 그러니까 자꾸 몸만 불어나지?"

종민이는 엄마의 잔소리가 익숙한지 씩 웃기만 했다.

"아침 안 먹으려면 이거라도 먹어!"

엄마는 비타민과 루테인 한 알씩과 홍삼을 줬다.

"맛없는데……."

"밥도 제대로 안 먹을 거면 이거라도 먹어야 면역력이 높아지지. 어서!"

엄마의 재촉에 종민이는 이맛살을 찌푸리며 홍삼에 영양제 2알을 먹고 학교에 갔다.

쉬는 시간, 화장실에 다녀온 종민이는 교실 문 앞에 있는 손 세정제를 세 번이나 눌러 짰다. 손 세정제가 한 손바닥 안에 가득했다.

"종민아, 손 세정제로 세수라도 하려는 거니?"

선생님이 다가와 물었다.

"그게 아니라…… 손을 깨끗하게 소독하려고……."

"손 소독도 중요하지만, 손 세정제를 너무 많이 사용하거

나 너무 자주 사용하면 피부가 건조해져서 가려울 수 있고 면역력을 떨어뜨리니까 주의하렴."

'손을 깨끗하게 하는 데 면역력이 떨어진다고요?'

종민이는 고개를 갸웃거렸다. 종민이의 생각을 읽었는지 선생님이 배시시 웃으며 말을 이었다.

"주변을 너무 깨끗하게 해 놓고 살면 면역 체계가 단단해지지 못해. 그래서 오히려 면역력이 약해질 수 있단다."

그제야 종민이가 고개를 끄덕였다.

점심시간, 급식을 다 먹은 아이들이 삼삼오오 모였다. 아침을 대충 먹은 종민이는 급식을 더 받아 먹느라 제일 늦

게 교실로 올라왔다.

"콜록! 콜록!"

영준이가 기침을 했다.

"너 감기가 오래가는 것 같다?"

미연이가 영준이에게 다가가 걱정스러운 듯 물었다.

"보통 3~4일이면 낫는다는데 잔기침이 오래가네. 의사 선생님이 그러는데 면역력이 떨어져서 그렇대."

"면역력?"

영준이의 말에 종민이가 끼어들며 물었다.

"응. 면역력이 떨어지면 감기 바이러스 같은 것들이 몸에 쉽게 들어오고 잘 낫지 않는대."

"나도 지난번에 입술 주위에 작은 물집이 생겼는데, 그것도 면역력이 떨어져서 그렇대. 그래서 그 후로 면역력을 높이려고 애쓰고 있어. 백신이나 치료약 없는 바이러스에는 면역력이 최고의 무기라고 하잖아?"

영준이의 말에 미연이가 입술을 어루만지며 말했다.

"나는 엄마가 하도 영양제를 많이 챙겨 줘서 좀비바이러스가 와도 걸리지 않을 것 같은데……."

종민이의 말에 몇몇 아이들이 재미있다는 듯 웃었다.

"영양제만 먹는다고 면역력이 높아지면 모든 사람들이

병에 걸릴 일이 없을 거야. 안 그래?"

미연이가 종민이의 말에 고개를 절레절레 흔들며 말을 이었다.

"면역력을 높이려면 영양제도 좋지만 규칙적인 식사와 운동도 해야 하고, 일찍 자고 일찍 일어나고, 스트레스를 받지 말아야 한대."

"그렇게 챙길 게 많아?"

"그런데 더 중요한 것은 그것들을 꾸준히 해야 한다는 거지."

"에-에-에취!"

미연이의 말이 끝나기가 무섭게 종민이가 재채기를 했다. 그리고 콧물이 나오자 재빨리 책상 서랍에서 화장지를 꺼내 코를 풀었다.

"너 비염 있니?"

미연이가 물었다.

"응. 환절기만 되면 좀 심해져."

"나도 예전에 그랬었는데 아빠가 꾸준히 운동하면 면역력이 높아진다고 해서 매일 아침마다 줄넘기를 한 뒤로는 많이 좋아졌어."

"매일 아침마다? 그게 가능해?"

"나 자신과 약속을 했으니까 꼭 지켜야지."

"나와의 약속? 그거 안 지켰다고 뭐라고 할 사람도 없잖아?"

"그렇지만 나 자신과의 약속은 가장 중요한 약속이야. 난 그렇게 생각해."

"대단하구나!"

미연이가 단호하게 말하자 종민이가 엄지를 세워 보였다.

"그런데 넌 운동은 하니?"

"나? 내 몸을 봐라. 이게 운동한 몸이겠니?"

종민이는 자신의 뱃살을 만지작거리며 말했다.

"그게 무슨 자랑이라고……. 그러지 말고 우리 운동장에 가서 햇볕도 쬐면서 좀 뛰어 볼까?"

미연이의 말에 아이들이 좋다고 하면서 운동장으로 우르르 몰려 나갔다.

그런데 바람이 세게 불었다. 나뭇잎들이 우수수 떨어지기 시작했다.

"얘들아, 떨어지는 나뭇잎을 양손으로 모아 받으면 소원이 이루어진다는데, 한번 받아 볼까?"

미연이의 말에 아이들은 양손을 모아 살랑살랑 떨어지는 나뭇잎을 쫓았다. 하지만 손바닥에 잘 받아지지 않았다.

어느새 점심시간의 끝을 알리는 예비종이 울렸다. 몇몇 아이들은 교실로 들어갔지만 나뭇잎을 붙잡지 못한 아이들은 계속 떨어지는 나뭇잎만 쫓아다녔다.

시간이 조금 더 지나자 다른 아이들도 모두 교실로 들어갔다. 하지만 종민이는 들어가지 않고 나뭇잎을 받으려고 기를 쓰고 쫓아다녔다.

결국 5교시 수업을 알리는 종이 울렸다.

"종민아, 너 안 들어오고 뭐 하니?"

건물 위에서 선생님이 유리창을 열고 종민이를 불렀다. 그 순간 종민이는 양손에 떨어지는 나뭇잎을 붙잡았다.

종민이는 너무 좋아하며 그 나뭇잎을 선생님께 흔들어 보였다. 선생님은 어이없다는 듯 고개를 좌우로 흔들었다. 결국 종민이는 교실에 들어와 선생님께 잔소리를 들어야 했다.

"종민아, 선생님께 야단맞아서 속상하지?"

하굣길에 미연이가 종민이에게 물었다.

"아니, 괜찮은데?"

미연이가 묻자 종민이는 별거 아니라는 듯 씩 웃었다.

"그런데 결국 나뭇잎 잡았다며? 무슨 소원을 빌었어?"

"면역력 높아져서 비염 낫게 해 달라고 했어. 잘했지?"

"응. 그래. 비염은 모르겠고 야단맞는 것은 확실하게 면역된 것 같구나."

미연이가 비아냥거리는 듯 말했다.

"그것도 괜찮은데?"

종민이는 씩 웃으며 대꾸했다.

"괜찮다고? 넌 그런 말로도 스트레스 받지 않고 웃음으로 넘기는 걸 보니 마음의 면역력은 아주 좋을 거야! 이제 운동만 열심히 하면 되겠네."

미연이의 말에 종민이는 기분이 좋아진 듯 더 환하게 웃었다.

다음 날 아침, 엄마가 종민이를 깨웠다.

"종민아, 이제 그만 일어나야지? 오늘부터 아빠랑 아침에 줄넘기 하기로 했다며?"

엄마가 이불을 걷으며 부드러운 목소리로 말했다.

"5분만, 아니……, 일어날게요."

종민이는 새우처럼 웅크렸던 몸을 펴더니 자리에서 벌떡 일어났다. 그리고 운동복으로 갈아입은 뒤 줄넘기를 꺼내고 운동화를 신었다.

"오늘 해가 서쪽에서 떴나? 내가 보고 있는 게 꿈은 아니겠지?"

 엄마가 종민이의 모습을 보고도 못 믿겠다는 듯 눈을 비비며 중얼거렸다.

 "면역력을 높이기 위해 제 자신과 한 약속이니까 꼭 지킬 거예요!"

 종민이는 환하게 웃는 얼굴로 다부지게 말하고 아빠와 함께 현관을 나섰다.

## 면역력이란?

똑같은 바이러스나 세균이 침투해도 누구는 질병에 걸리고 누구는 걸리지 않아요. 또는 똑같이 질병에 걸린다고 해도 누구는 가볍게 앓고 지나가는데 누구는 심하게 앓다 목숨을 잃기도 하지요. 이것은 면역력과 관련이 깊어요.

면역력이란 사람이나 동물의 몸 안에 병원균이나 독소 등이 들어오려고 할 때 이에 저항하는 능력이에요. 즉, 면역력은 우리 몸을 지켜주는 방어 시스템이라고 할 수 있지요.

그래서 아무리 의학이 발전한다고 해도 평소 면역력을 길러 자기 몸의 방어 시스템을 강화시키는 것이 무엇보다 중요해요. 이러한 면역력은 좋은 약을 먹는다고 해서 갑자기 길러지지는 않아요. 면역력을 높이도록 꾸준히 노력해야 하지요.

### 면역력을 높이세요

1. 햇볕을 쬐어요.

   햇볕을 쬐면 몸에서 비타민D가 만들어져요. 비타민 D는 음식으로 섭취하기 힘들기 때문에 하루에 20분 정도 햇볕을 쬐는 것이 좋아요.

2. 규칙적인 운동을 해요.

   신체 활동이 부족하면 근육량이 줄고 근력이 떨어져 비만으로 연결돼요. 하루 30분 정도 가볍게 유산소 운동을 하면 좋아요.

3. 긍정적인 생각으로 자주 웃으세요.

   긍정적인 생각을 하면 뇌에서 엔케팔린과 엔도르핀이 생겨 면역력을 높여 줘요. 억지로 웃더라도 신체에 백혈구가 증가한다고 해요.

4. 면역력을 높여 주는 음식을 먹어요.

   차가운 음식은 위나 장의 기능을 떨어뜨리므로 따뜻한 음식과 물을 마시는 게 좋아요. 그리고 해조류, 버섯, 등푸른 생선 등 피를 맑게 해 주고 콜레스테롤을 낮춰 주는 음식을 먹는 것이 좋지요.